AF452509

OEUVRES

CHOISIES

DE FORTUNY

OEUVRES

CHOISIES

DE FORTUNY

REPRODUITES EN PHOTOGRAPHIE

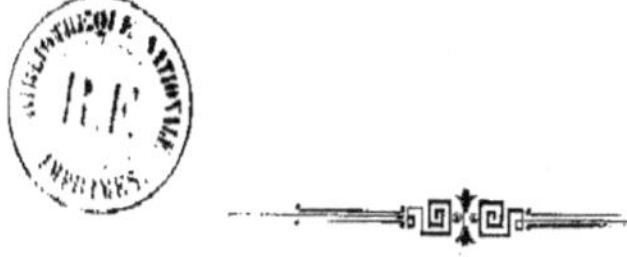

PARIS

GOUPIL ET Cᴵᴱ, ÉDITEURS

9, RUE CHAPTAL. — 19, BOULEVARD MONTMARTRE
2, PLACE DE L'OPÉRA, 2

M DCCC LXXV

FORTUNY

ORTUNY (Mariano-José-Maria-Bernardo) naquit à Reus, ville de la province de Tarragone (Catalogne), le 11 juin 1838. Son goût pour le dessin se déclara dès l'enfance : à l'école primaire, il s'amusait à faire des croquis en cachette de son maître ; en 1847, quand il en sortit, il suivit un cours public de dessin qui venait d'être fondé à Reus. Encouragé par un peintre-amateur, M. Domingo Soberano, il faisait à douze ans ses premiers essais de peinture. Plus tard, en 1849, ayant eu le malheur de perdre son père et sa mère, il suivit son aïeul, menuisier de son état comme son père, et qui, pour se créer des ressources, avait formé un cabinet de figures de cire, qu'il montrait dans les environs de Tarragone et de Lérida. En 1852, ils se rendirent à Barcelone, faisant à pied les 100 kilomètres qui séparent cette ville de Reus : grâce à la recommandation de M. Talarn, sculpteur, le vieillard obtint pour son petit-fils une pension mensuelle de 160 réaux (42 francs), sur des fonds légués pour une œuvre de bienfaisance, et il put suivre, jusqu'à la fin de 1856, les cours de l'*Academia de Bellas Artes* sous la direction de M. Claudio Lorenzale, peintre distingué, qui travaillait dans la manière d'Overbeck, peu en harmonie, on le comprend, avec le tempérament de Fortuny. Dans ses moments libres, il travaillait comme il pouvait pour subvenir à ses besoins et à ceux de son grand-père et de ses frères. Dans sa ville natale, il avait peint des *ex-voto*, comme Watteau faisait dans sa jeunesse, des sujets de dévotion qui se vendaient à la douzaine ; à Barcelone, aux heures en dehors des cours, il enluminait des photographies, faisait des portraits, des dessins pour les architectes, pour la gravure en taille-douce ou sur bois, des lithographies pour des romans ; ou bien encore, il peignait pour des églises, pour celle de *San Agustin*, par exemple, de grandes décorations à la détrempe. Heureusement, il eut en ces temps difficiles quelques protecteurs, parmi lesquels je citerai l'excellent et digne M. Buenaventura Palau, de Barcelone, à qui il avait voué une reconnaissance et une amitié qui ne se démentirent jamais.

En 1855, le hasard fit tomber sous les yeux du jeune artiste une suite de six lithographies de Gavarni : les *Célébrités contemporaines*, dont la vivante réalité fit sur lui une profonde impression.

Ayant obtenu, le 6 mars 1857, le prix de *Pensionado en Roma*, il partit pour Rome le 14 mars de l'année suivante, et ne tarda pas à faire les envois auxquels il était obligé. En 1860, il fut chargé par la *Diputacion provincial* (Conseil général) de Barcelone de suivre l'expédition du Maroc, et y fit de nombreux croquis, non sans avoir couru des dangers très-sérieux : il fut fait prisonnier par les Marocains, qui heureusement le relâchèrent, et vit un jour la poussière soulevée à ses pieds par une balle ennemie. Il arriva à Madrid le 30 juin, en même temps que l'état-major de l'armée victorieuse. C'est à partir de ce jour qu'il montra un goût prononcé pour les sujets arabes. En se rendant à Rome, il passa par Paris, mais n'y séjourna que peu, après avoir été visiter les galeries de Versailles, où il voulait voir la *Smalah*, d'Horace Vernet, devant lui-même peindre plus tard un sujet du même genre, une grande toile de plus de 10 mètres de longueur.

De retour à Rome, il continua à travailler sans relâche, copiant les tableaux des grands maîtres et le modèle vivant : pendant plusieurs années, il fut l'un des habitués les plus assidus de l'*Académie de Gigi*, le modèle bien connu, dans la *via Margutta*. L'année suivante, il faisait un second voyage en Afrique, et en rapportait de nombreuses et intéressantes études. Quand la ville de Barcelone cessa de lui payer sa pension de 25 duros (132 francs) par mois, le duc de Rianzarès lui en continua une de pareille somme, qui lui fut servie jusqu'à l'époque de son mariage, en 1867. Particularité peu connue, il donna, à Rome, des leçons de peinture à une des filles de la reine Christine. Quelques voyages à Florence, à Naples, à Madrid, tempérèrent sa grande ardeur au travail.

C'est de 1866 que date réellement la réputation de Fortuny. Étant venu à Paris dans l'automne de cette année, il y connut Rico et Zamacois, ses compatriotes, deux peintres de talent, et entra en relation avec M. Goupil, qui lui fit de nombreuses commandes. Il fit aussi la connaissance de Meissonier, ainsi que de Gérôme, qui plus tard lui prêta pour quelque temps son atelier, et d'autres artistes célèbres. En 1867, il épousa Mlle Cécilia de Madrazo, heureux de s'allier à une famille dans laquelle le talent est héréditaire. L'année suivante, Henri Regnault, alors élève de Rome, étant entré dans l'atelier de Fortuny, fut vivement frappé de ses études : « Elles sont prodigieuses de couleur et de hardiesse de peinture, écrivait-il à son ami M. Duparc. Ah! qu'il est peintre, ce garçon-là! J'ai vu aussi des eaux-fortes ravissantes de lui. » Ses eaux-fortes sont en effet merveilleuses : dix seulement ont été publiées, mais son œuvre s'élève à plus du double. « Comme aqua-fortiste, disait Théophile Gautier, il égale Goya et s'approche de Rembrandt. » Ses aquarelles ne sont pas moins étonnantes : « J'ai passé hier la journée chez Fortuny, écrivait encore Regnault, et cela m'a cassé bras et jambes. Il est étonnant, ce gaillard-là! Il a des merveilles chez lui! C'est notre maître, à tous. Si tu voyais les deux ou trois tableaux qu'il termine en ce moment et les aquarelles qu'il a faites ces derniers temps!!! C'est ça qui me dégoûte des miennes!... Ah! Fortuny, tu m'empêches de dormir!... »

Au printemps de 1868, il commençait, à Madrid, son tableau de la *Vicaria* (le *Mariage espagnol*), qui devait, deux ans plus tard, faire une si grande sensation à Paris. En même temps, il copiait au *Museo Real* les chefs-d'œuvre de Vélasquez et de Goya. Déjà les amateurs intelligents recherchaient avidement ses ouvrages : M. W. Stewart, qui en possède aujourd'hui une vingtaine des meilleurs dans sa galerie du Cours-la-Reine, se passionna pour son talent et pour sa personne, ainsi que M. de Goyena, et ils restèrent jusqu'au dernier moment ses fidèles amis. Vers la fin de 1869, Fortuny vint à Paris, et bientôt son *Mariage espagnol* était exposé dans la galerie Goupil, avenue de l'Opéra. Ce fut un concert d'admiration : Théophile Gautier laissa déborder son enthousiasme dans un de ces feuilletons comme il savait les écrire : « Une question que ne manquaient pas de s'adresser en se rencontrant les artistes et les amateurs, dit le grand critique, était la suivante : « Avez-vous vu les tableaux de « Fortuny?... » C'est une révélation inattendue, une explosion soudaine, pour Paris du moins, que Fortuny n'a fait que traverser. » Ce prodigieux succès ne changea rien au caractère du peintre, qui était la modestie même, modestie des plus vraies et des plus sincères : tel fut en réalité le motif qui l'éloigna des expositions; car il avait horreur du bruit, et celui qui se fit autour de son nom n'eut d'autre cause que le charme et l'originalité de son talent et ses rares qualités de peintre, qui tout d'un coup l'élevèrent au premier rang. Bien des fois il m'a dit, — et il était sincère, — qu'il ne comprenait rien aux prix qu'on mettait à ses tableaux.

Vers la fin du printemps de 1870, Fortuny quitta Paris, et après un court séjour à Madrid et à Séville, alla s'installer à Grenade, dont les souvenirs et les monuments moresques l'attiraient vivement. Bientôt éclata la guerre franco-prussienne, et sa sympathie pour la France, exprimée dans les lettres qu'il écrivit alors, témoigne d'un vif souvenir de l'accueil qu'il avait reçu à Paris. Pendant son séjour à Grenade, il fit la *Halte des voyageurs* — une merveille de couleur et de finesse — et l'*Arquebusier ivre*, qui appartiennent à M. W. Stewart, ainsi que plusieurs tableaux et études qui figurent dans ce catalogue. Ce séjour ne fut interrompu que par de courtes excursions à Séville et au Maroc.

De retour à Rome à la fin de 1872, Fortuny travailla avec ardeur aux *Académiciens de Saint-Luc* et au *Jardin des Arcadiens*, tableaux qu'il avait commencés à Grenade, et qu'il apporta à Paris le 15 mai de l'année dernière; ils furent achetés au bout de quelques jours, et très-peu de personnes purent les voir. Espérons qu'ils seront exposés à l'École des beaux-arts, le mois de mai prochain, avec ceux de ses autres ouvrages que les amateurs voudront bien prêter : cette place d'honneur est due à ses tableaux, puisqu'il était membre correspondant de l'Institut.

Fortuny, qui ne connaissait pas l'Angleterre, m'avait proposé d'aller passer avec lui une huitaine à Londres : nous partîmes le 1er juin 1874, avec un sac de nuit pour tout bagage, bien résolus à éviter les visites de cérémonie, et à consacrer tout notre temps aux musées, aux monuments et aux études de mœurs. Ses albums se remplirent de croquis faits à la Tour, à Westminster, au British-Museum, à South-Kensington, dans tous les endroits où nous allions. Un heureux hasard nous valut la rencontre d'un de mes amis de Londres qui nous présenta à Millais ; le célèbre peintre anglais témoigna la plus vive sympathie à son jeune confrère, et il exigea de nous la promesse d'une autre visite pour l'année suivante. Fortuny se faisait une joie de ce second voyage ; il était plein d'ardeur pour apprendre l'anglais, et je me souviens qu'à notre retour nous allâmes acheter chez Truchy un dictionnaire et un guide de la conversation.

Peu de jours après son retour à Paris, le 15 juin, il repartit pour Rome : quand j'allai avec son beau-frère, M. R. de Madrazo, l'accompagner à la gare de Lyon, et que nous l'embrassâmes au moment de la séparation, nous étions loin de penser que nous ne reverrions plus cet ami si cher...

Après un court séjour à Rome, il se rendit à Naples, et bientôt à Portici, où il loua la villa Arata, au bord de la mer, pour y passer l'été avec sa femme et ses deux jeunes enfants. Ce séjour lui plaisait extrêmement; il se mit à peindre avec une grande ardeur : « Mon très-cher ami, m'écrivait-il, le 9 octobre 1874,... au sujet de mes travaux, je vous parlerai seulement de mon tableau, qui a 1m,37 de large sur 0m,72 de haut : il y a bon nombre de figures; je ne sais trop quel nom lui donner. Comme c'est en quelque sorte le résumé de mon séjour d'été, ne pourrais-je pas l'appeler la *Villégiature* ? En effet, il y a des femmes sur l'herbe, des baigneurs qui se plongent dans la mer, les restes d'un vieux château, les murs d'un jardin, l'entrée d'un village, etc., etc. Tout cela en plein soleil, et sans en escamoter un seul rayon : tout y est clair et gai ; et comment pourrait-il en être autrement, puisque nous avons si heureusement passé notre été... J'ai commencé un autre tableau plus petit, avec les portraits de mes deux enfants, et, de plus, une quantité d'études détachées, ainsi que deux aquarelles : l'une passable, l'autre mauvaise... J'ai en projet plusieurs autres choses... »

Au commencement de novembre, il quittait, non sans regrets, Portici pour Rome, dont le séjour lui déplaisait depuis plusieurs années : il voulait quitter la nouvelle capitale, et aller se fixer dans son pays ; malheureusement, d'un côté la crainte d'un déménagement, de l'autre l'état agité de l'Espagne, l'empêchaient de réaliser ce projet. Il arriva découragé, et la lettre qu'il m'écrivait le 7 novembre, — la dernière, hélas ! — portait comme l'empreinte d'un triste pressentiment : « Me voici donc de nouveau dans la *Città Eterna*, me disait-il, chagrin et ennuyé, sans envie de peindre, et avec la tête vide comme un nid sans oiseaux : — sans doute ils se sont envolés à Portici, où j'ai si heureusement passé l'été... »

Peu de jours après, le 21 novembre 1874, après une courte maladie, il était enlevé presque subitement par une fièvre pernicieuse, à l'âge de trente-six ans. Ce fut pour ses amis un coup de foudre qu'ils n'oublieront jamais, et un deuil général pour Rome, où il était aimé de tous ; une foule énorme, parmi laquelle on remarquait les personnages les plus distingués de la ville, accompagna son convoi, et les principaux artistes de différentes nations se disputèrent l'honneur de porter le cercueil jusqu'au *Campo Varano*. Jamais prince ni grand de la terre n'eut de pareilles obsèques.

Fortuny était d'une taille au-dessus de la moyenne ; ses traits, réguliers et fort beaux, exprimaient la franchise et l'honnêteté de son caractère. Grand ennemi de l'étiquette et de la cérémonie, il parlait peu et était d'un abord réservé avec les inconnus, à cause de sa timidité naturelle ; mais avec ceux qu'il aimait, il se montrait, au contraire, très-expansif. Il était d'une rare sagacité pour connaître les hommes, et savait, avec une sûreté remarquable, distinguer les faux frères des vrais amis. Quant à lui, il se montra toujours l'ami le plus solide et le plus sûr. Il était sage de mœurs et très-sobre ; d'un caractère sérieux, il aimait beaucoup la lecture, surtout celle des poëtes latins et des historiens ; il avait la passion de la curiosité, et se plaisait à orner son atelier de la *via Flaminia*, que tous les étrangers voulaient visiter, de magnifiques étoffes anciennes, de rares faïences à reflets métalliques, ainsi que d'armes de toutes sortes, dont quelques-unes étaient son ouvrage. Il n'écrivait guère qu'à quelques intimes privilégiés ; souvent de ravissants dessins à la plume occupaient une grande place dans cette correspondance : M. W. Stewart, M. de Goyena et l'auteur de cette notice possèdent un bon nombre de ces lettres illustrées, toutes en espagnol.

Je n'entreprendrai pas de juger le talent de Fortuny : Théophile Gautier l'a su faire d'une plume magistrale, il y a déjà cinq ans : comme tous ceux qui savent voir, il avait compris tout de suite et placé au premier rang un des peintres les plus étonnants qui aient existé ; le temps confirmera sans doute le jugement du grand critique sur ce talent d'une individualité si prononcée, qui a produit des œuvres originales et charmantes, où la science du dessin s'allie à un coloris harmonieux dans sa hardiesse et dans sa vigueur ; sur celui qu'il appelait un artiste complet : moi, qui fus son ami, j'ajouterai seulement que l'homme valait l'artiste.

Baron DAVILLIER.

NÈGRE MAROCAIN

M. DE FORTUNY

CHAMELIER

JOB

UN VIEUX MENDIANT

PAYSANNE ITALIENNE

CONTADINA

(Aquarelle appartenant à M. ...)

Publié ... par GOUPIL & Cie
Imprimé par ...

Pl. VI

L' INVALIDE

Photographie & imp. par JOSEPH & C.ie
Barcelona & Madrid, Lafayette 4 Paris

LA LECTURE

(Dessin à la plume.)

LA MANDOLINE

LE GUITARISTE

PL. XI

PORTRAIT DE Mⁱ P. D'EPINAY

(Espagnol de la fin du XVIIIᵉ siècle)

(Dessin à la plume)

Photographié & Publié par GOUPIL & Cⁱᵉ

PL. XII

PORTRAIT DE Mʳ P. D'ÉPINAY

Pl. XII.

UN MALANDRIN
(aquarelle)

UNE MENDIANTE

(Aquarelle)

Phototypie Berthaud, par GOUPIL & Cie

FANTASIA

M. DE FORTUNY

L'ANTIQUAIRE

(Tableau appartenant à Mr. W. H. STEWARD)

Photographié & Publié par GOUPIL & Cie

M. DE FORTUNY

L'AMATEUR DE GRAVURES

Peinture appartenant à M. TURNER.

Photographié & publié par GOUPIL & Cie
Paris, Londres, New-York

MASCARADE

PL. XIX

AVANT-POSTE ARABE

(Aquarelle)

Photographié & Publié par GOUPIL & Cie.
IMPRIMÉ à PAR S. HONORÉE LEFANT. PEK DE
PAR.

LE KIEF

MAURE DE TANGER

M. DE FORTUNY

UNE RUE À TANGER

Pl. XXII

CIRCASSIEN

D'après le tableau appartenant à M. SCHWABE (?)

LA POTICHE

(Aquarelle appartenant à Mr J. WILSON)

Photographie & Imprimerie GOUPIL & Cie
PARIS — MELBOURNE & LA HAYE

EL BORRACHO

LES BIBLIOPHILES

(Aquarelle)

PL. XXVII

LA VICARIA

LE MARCHAND DE TAPIS

(Aquarelle)

Photographié & Publié par Ad. BRAUN & C.ie
à DORNACH (Alsace) et PARIS

M. DE FORTUNY

PASSE-TEMPS DE GENTILSHOMMES

(Tableau appartenant à M. J. H. STEBBINS)

Photographie publié par GOUPIL & Cⁱᵉ
Déposé à PARIS, 19 BOULEVARD MONTMARTRE 19

M DE FORTUNY

Pl. XXX

CHARMEURS DE SERPENTS

LE DÉJEUNER

(Le tableau appartient à M. W. H. STEWARD)

Héliographie d'étude par GOUPIL & Cie
Editeurs, IMPRIMÉ GOUPIL — PARIS

ARQUEBUSIER

ARQUEBUSIER

(Tableau appartenant à Mr W. J. STEWART)

Photographie Braun, Clément & Cie édit.
Dornach & Paris (H^{te} Alsace)

LA PORTE DE JUSTICE À L'ALHAMBRA

M. DE FORTUNY

MARCHANDE DE LÉGUMES À GRENADE

(Peinture appartenant à M^W H. STEWARD)

ARABE DE PETRA

Photographié et Publié par GOUPIL & C.ᵉ
Imprimé par ... Goupil et Cⁱᵉ

M. DE FORTUNY

PL. XXXVII

ANCIEN HÔTEL DE VILLE DE GRENADE

M. DE FORTUNY

PL. XXXVI

LE CHOIX DU MODÈLE

(Peinture appartenant à M. W. L. STEWART)

Photographié & Publié par GOUPIL & C⁰
Imprimerie Photographique

M. DE FORTUNY

LA PRIÈRE

PL. XI.

IDYLLE

(Aquarelle appartenant à M. RAMON DE LAPAZ)

Photographié & Publié par GOUPIL & C.ie

M DE FORTUNY

LE FAUST DE GOUNOD

ARABE

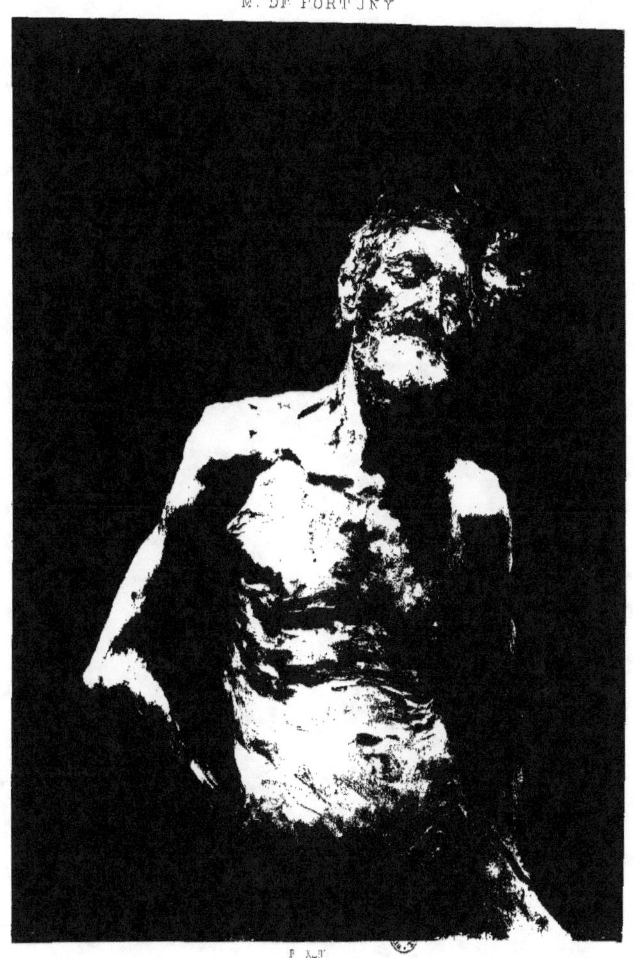

ÉTUDE DE VIEILLARD

SOUVENIR DU MAROC

(Tableau appartenant à M. RAMON DE ERRAZU)

Photographié et Publié par GOUPIL & C⁹
Imprimé à Paris, 9, Rue Chaptal, Paris

PORTRAIT D'UNE DAME ESPAGNOLE

Peinture appartenant : M. J. P. BLANDAS

Photographie Publiée par GOUPIL & Cie

TRAVESTISSEMENTS VÉNITIENS

M. DE FORTUNY

UN DÉJEUNER À L'ALHAMBRA

LE RÉMOULEUR DE SABRES

M DE FORTUNY

LE JARDIN DES POÈTES

TABLE